しーちゃん

～ようちえんも、
いろいろあるわけ～

こつばん 著

はじめに

娘・しーちゃんがうまれてから、日々のさりげないけれど忘れたくない出来事を絵日記にし、インスタグラムに投稿しています。２０１６年11月に、２～３歳の頃のエピソードをまとめたはじめての書籍『しーちゃん』を出版しました。

そしてこのたび、応援してくださる皆様のおかげで、なんと続編を出版できることになりました！

本書は、少し大きくなったしーちゃんとの毎日を綴った第２弾になります。

４月から幼稚園に通いはじめ、たくさんの新しい経験をし、日々たくましく成長しているしーちゃん。あいかわらずおしゃべりで甘えん坊だけど、前回よりちょっぴりお姉さんになったしーちゃんのお話を楽しんでいただけたら嬉しいです。

いよいよ幼稚園はじまるね
さみしいような嬉しいような不思議な気持ちだよ
?
どうしたの?
ままのこころにはいつもしーちゃんがいるよ

しーちゃんってこんな子です

しーちゃん

2012年7月生まれ　かに座のA型

- 甘えん坊で抱っこが大好き。とってもはずかしがりやで、お出かけした時は、ママのうしろにコソコソ隠れている。幼稚園ではいい子らしいけど（先生談)、家ではとってもワガママ！
- ママのことは大好きだけど、よく寝言でママの文句を言っている。最近、前よりパパのことが好きになってきたみたい。
- お絵描きと工作が好き。
- 将来の夢はアイドルか歌手。でも、はずかしいのでテレビにはでたくないとのこと（笑)。

パパ

めったに怒らない優しい性格。たま〜にしーちゃんを叱ってしまった時には、夜中にしーちゃんの寝顔を見ながら涙目で後悔している。最近の趣味は一眼レフカメラ。寝顔もきれいに撮れるいいレンズを購入済み。

ママ

心配性でくよくよ悩んでしまう性格。なかなかやる気がでないときは、しーちゃんを抱っこしてパワーを充電させてもらっている。趣味は手芸や工作・粘土など。毎日何かをつくりたくてうずうずしている。

すきなもの・こと

愛用の毛布
ふわふわくん
ハスー
なかがわ
ふわふわくんって
なまえだよ!!
チョコレート
あまーい
読書
絵本や マンガ
コツコツの靴
いいなァ
コツコツのくつ…
ハイヒール

きらいなもの・こと

お月様
こわくなっちゃったの…
まえはすきだったのに…
おばけ
かわいいおばけはへいきだよ
病院
グズッ
いきたくない…
虫
ギャーン

しーちゃんのバッグの中身は？
① べっこうあめ
あめは いちにち 2こまで だよ
② ティシュー
はなみずとか すーぐ でちゃうからね
③ くし
まえがみを なおしたり するよ
④ めぐすり
こわいから つかわないよ
⑤ ほうせき
さいきんは 2こ いれてるの
あとはー ばんそうこうとか かがみとか おもちゃとか いれたりもするよ
おさいふは ままがもってるよ じつは… しーちゃん おさいふ なくしたこと あるから…

もくじ

2 はじめに

4 しーちゃんってこんな子です

1章 はる
〈2016年4～6月〉

10 4月
1 にゅうえんしき　2 はじめてのばすつうえん
3 ままをまもる　4 いれてただけ　5 ははのひ
6 きょうあったいやなこと

18 5月
7 きょうのばんごはん　8 むろ　9 ぱにーかー
10 おかあさん　11 げんきにおへんじ
12 てんてきじまん

24 6月
13 かなしいこと　14 おまもり　15 まほうのおりがみ
16 ちはん　17 かくれんぼ　18 ままもようちえんにいったの

30 こらむ
幼稚園選びのおはなし／こつばんの幼稚園の思い出

2章 なつ
〈2016年7～8月〉

36 7月
19 なつのにおい　20 せんめんきとせんぷうき
21 あさめがさめたら　22 おたんじょうびかい　23 こいばな

48 8月
24 しーちゃんのなまえ　25 たいまーできえる　26 ちがでた
27 あやしいくちぶえ　28 「さー」ぶーむ　29 わらってながいき
30 やんちゃのいみ　31 おんなどうしのおしゃべり
32 はりあう4さいじ　33 しーちゃんのすきなところ
34 おりんぴっく　35 なつやすみなにした？　36 き～あう～
37 おにぎりわすれた　38 おしゃれぼうし　39 まっさーじ

3章 あき
〈2016年9～11月〉

60 9月
40 あこがれのねんちょうさん　41 なみだがひとつぶ
42 あずかりほいく　43 しーちゃんのかわいいところ
44 しょうじきにてをあげてください　45 さつば
46 すーぱーぼーるすくい　47 くっついたら
48 ふわふわくんをかりたら

70 10月
49 はっせいれんしゅう　50 てがいっぱいあったら
51 せんせいにごめんなさい　52 てこっ　53 じこになります
54 いろいろあるわけ　55 えんそくのおもいで
56 ままのところにうまれたわけ　57 にらめっこ
58 つかれめ　59 だっこちけっと

82 11月
60 おならでるたいぷ　61 ぺふっ
62 おふろにはいってるすきに　63 あいされているじしん
64 ひらべったい　65 やぶいしゃしーちゃん

66 さんたさんのひみつ1　67 さんたさんのひみつ2

こらむ　しーちゃんがうまれるまで　90
妊娠初期のおはなし／性別判明!?　のおはなし

4章 ふゆ
〈2016年12月〜2017年3月〉

12月　94
68 なんかいだっこしたい？　69 ままのあしがとれた
70 ねおきがわるい　71 おうえん
72 ぱぱのしゅっちょう　73 こどもより
74 なんにもいえなかった　75 ききまちがい
76 どうがでなかなおり

1月　104
77 わらいごえ　78 かのうせい　79 すてきないちにち
80 へんたい　81 めいっこ　82 もじもじ　83 こおりって
84 やぶいしゃしーちゃん2　85 しょーがないから
86 ままをおもいだすこと

2月　114
87 せつぶん　88 いんふるえんざ
89 おなやみそうだん　90 びじんにな〜れ
91 ぴーん　92 ほしのままでもあいにきて
93 ようちえんのしゃしん　94 かおのあと

3月　122
95 わらってただけ　96 だっこおねがいします

97 きおくじゅつ　98 はかせになる　99 じーじからうまれた
100 おこったさっくん　101 さっくんとおでかけ
102 おばさんはどこだ

こらむ　しーちゃんがうまれるまで　130
切迫早産で入院のおはなし　その1／その2

5章 ふたたびはる
〈2017年4〜6月〉

4月　134
103 100かいだっこ　104 わがままのりゆう　105 びじんのゆ
106 おなかがいたいわけ　107 ぴーなっつふうせん
108 てをつなぐだけで　109 ぱぱのなまえ

5月　142
110 ばすがくるまえに　111 よろこぶかかり　112 うぶげ
113 おしゃれ　114 みだしなみ

6月　148
115 ちちのひ　116 おとこらしく　117 でっかいわらじむし
118 もんだいです　119 ふっきん　120 ゆめでよかった　121 むじんとう

こらむ　しーちゃんがうまれるまで　156
いよいよ出産!!　のおはなし

おわりに　158

1章 はる

〈2016年4～6月〉

はじめてバスに
のるときは、
ドキドキしたよ

4月に無事に入園式を終え、晴れて幼稚園児になりました！　最初から楽しく幼稚園に通えていたけど、入園してすぐ病気の洗礼を受け、春は毎月お熱でお休み…。

今ではすっかり丈夫になり、幼稚園をお休みすることは、ほとんどなくなりました。

おしゃべりなしーちゃんは、幼稚園での出来事をなんでも教えてくれます。お友達ができたこと、年長さん達にかわいがってもらえていること、先生達がみんな優しく接してくれていることなどを、会話の中からうかがい知ることができ、安心して送りだしています。

1 にゅうえんしき

はる 4月

入園式の様子 その2
しーちゃーん
パパも発見
その時パパが撮った写真
成長したなァ
うるうる
チッ
…と聞こえそうなひどい表情…
これ…

ひとこと

泣いてしまう子が多いと聞いていたので心配していた入園式。しーちゃんは楽しそうにしていてほっとしたけど、落ち着きなさすぎ～！

2 はじめてのばすつうえん

はじめてのバス通園
泣いちゃうかな…大丈夫かな…
ドキドキ
あ!!バスきた!!
しーちゃんおはよう!!
先生
おはよ
くるッ
ぎゅう…
じゃ…いってくる…
先生
キュ〜〜ン
う…

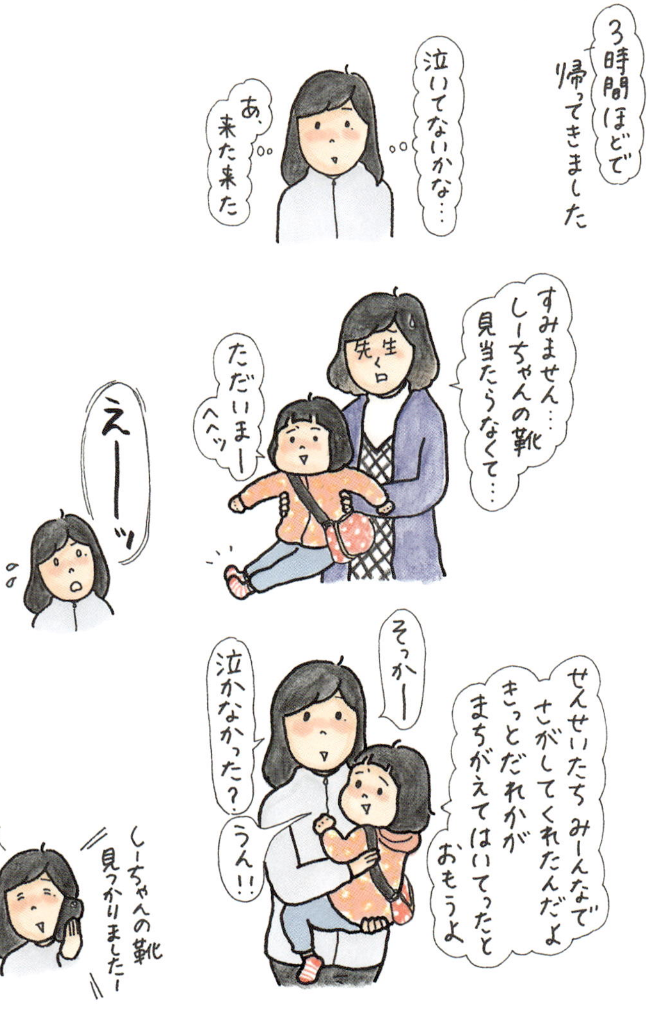
3時間ほどで帰ってきました
泣いてないかな…
あ、来た来た
すみません…しーちゃんの靴見当たらなくて…
ただいまー
へへッ
先生
えーーッ
せんせいたちみーんなでさがしてくれたんだよ
きっとだれかがまちがえてはいてったとおもうよ
そっかー
泣かなかった?
うん!!
ホッ
しーちゃんの靴見つかりました!
よかったー

ひとこと

はじめてバスに乗る時の不安そうな表情は忘れられません。靴がなくなっちゃうハプニングもあったけど、登園初日、よく頑張りました♡

3 ままをまもる

キリンが こっちみてる
まま もしかして こわい?
かたむいてる キリンぬいぐるみ(大)
ちょっと こわいけど大丈夫
さ、寝よう
ガバッ
え…えいっ
しーちゃんが ままを まもる!!
ハァハァ
ありがと…

ひとこと

こわがりなのに勇気をだして守ってくれたしーちゃん。でも最初からぬいぐるみはきれいに片付けましょう!

4 いれてただけ

みてみて〜おりがみで
ねっくれすつくったの
お!!
上手♥
あコラ
食べないでよ?
モソ
モソ
え?たべてないよ?おはなにいれてただけ

ひとこと

ネックレスは首から下げるもの。
鼻に入れるものではないよ〜!

5 ははのひ

きょうようちえんで なにをしたのかは
ままにはないしょ!!
えー 教えてよ
んーー
どうしよっ かなーー
もぉ〜じゃあ おしえるね
ままのおかおをつくりました!!
もしかして…
母の日の…!?
おかあさんのひのやつって いってたから ないしょっておもったのにー
しーちゃん ないしょって むりみたい!!
聞こえ なーーい

ひとこと

幼稚園での出来事はなんでも聞きたいと思っていたけど、聞かなくていいこともあることを学びました。

6 きょうあったいやなこと

幼稚園で あった出来事、これからもお話ししてね
うん♥
楽しいことだけじゃなく イヤだったことも あったら教えてね
……ん……
じつはきょう いやなこと あったの…
な…何!?
ようちえんで はしったら あつくなったの…
あせ めっちゃでた…
そっか…
それは しょうがない

ひとこと

深刻な顔で言うから何かと思ったら…。
ただの生理現象の話でした（笑）。

7 きょうのばんごはん

ねぇー
きょうばんごはん
なにつくったらいい?
ってきいて〜
考えてくれるのかな?
今日晩ご飯何つくったらいい?
ままがかんがえな♡
ハハッ

ひとこと

1日のうちで一番悩む食事の献立。いいアイデアが聞けるかと思ったけど…期待して損したよ!

8 むろ

ようちえんのちかくに きれいなおはなが さいているところが あるの
しーちゃんね いつもバスのなかから みてるんだ
へぇ〜
どんな お花なの？
なまえは わかんない
何色？ 白？
むろ
も〜〜
むらさきって いおうとおもったのに しろと まざった!!

ひとこと

バスの中から色々な発見があるみたいです。乗っている時間は長いけど、バス通園、楽しんでね♡

9 ぱにーかー

しーちゃーん
お外行くからパーカー着てね
くるッ
ぱぱ…ぱーかーは『ぎる』っていわないの
ドヤ
ぱーかーは『ばく』っていうの
ププ…
それはスニーカー パパが言ったのはパーカーだよ
あのさ…ぱぱがぱ…ぱにーかーってまちがっていったからしーちゃんもまちがったの…
へ？
パニーカー？…
しーちゃんわるくないです…
もじ
もじ

ひとこと

まちがったことをパパのせいにしちゃったしーちゃん。でもその言い訳、ちょっと苦しすぎるよ～！

10 おかあさん

…おかあさんっ
えー？
お母さん？ママって呼ぶのやめるの？
あ…ちがう〜
おしっこしたくて
おしっこって
いおうとおもったら
まちがって
おかあさんっていっちゃった…
にてるっしょ…
もじ
もじ

ひとこと

せっぱつまったからって、「お母さん」と「おしっこ」をまちがっちゃうとは。普段「お母さん」って呼ぶことないのにね（笑）。

11 げんきにおへんじ

はじめての参観日
ままさ、しーちゃんが
元気に挨拶するところ、見たいなあ
あーしーちゃん おおきいこえだすの とくいだし〜
朝の会でのお名前呼び
××△△くん
ハイッ
みんなお返事上手だなー
○○しゅりちゃ…
づあ〜い
チラッ
づあああ あい
き・こ・え・た？
ええ… 聞こえましたとも…

ひとこと

聞こえていないと思ったのか2回もお返事していたけど、十分すぎるほど聞こえていたよ！

12 てんてきじまん

胃腸炎で
点滴を受けた所が ちょっぴり 青くなっている
あ～ん まだいたーい
(大げさ)
ここみてー てんてきしたの
ドヤッ
だいじょうぶ?
。。。って
きょう ようちえんで 40にんくらいに みせたの
お、うざーい

ひとこと

小さい点滴の跡はしーちゃんにとって勲章だったよう。本当は、いったい何人に自慢したの～!?

13 かなしいこと

泣いた顔で帰ってきました
グズ
グズ
誰!?
どうした!?
〜〜〜ってことがあったの…
しーちゃんかなしい…
ぎゅ〜〜〜ってだっこして
あら…そんなことがあったの…
毛布にくるまったりー
くすん
思い出し泣きしたりー
メソ
メソ
またかなしくなってきた…
。〜
ハァ
ハァ
そして発熱
脳がフル稼動してる…
ウッウッ
かわいそうに…

ひとこと

心を痛めてお熱までだしたしーちゃんの姿を見て、夫婦で涙しました。特にパパは号泣！

14 おまもり

しーちゃん、これお守りだよ
パパとママのパワー入ってるからかなしい気持ちになったらぎゅっとしてごらん元気でるよ
プイッ
げんきになんてならないもん…
幼稚園バッグにつけとくよ
…ん
むぎゅう

ひとこと

お守りの効果としーちゃんの頑張りで、
悲しいことを乗り越えられてよかった！
これからも見守っていくからね。

15 まほうのおりがみ

ひとこと

本当にわざとじゃなく、パパがお願いごとを言った瞬間に壊れちゃった！なんてタイミング！

16 ちはん

しーちゃんね
たんじょうびにほしいものかんがえたー
何？
ちゃーはん!!
きょうのおべんとうのちゃーはん、おいしすぎたぁプレゼントして♡
誕生日プレゼントがチャーハン？
翌日 しーちゃんからのお手紙
えーっと
ままちはんおいしかたよまたちはんつくてね
ちはんって何？
ちゃーはん!!

ひとこと

覚えたてのひらがなで書いてくれたお手紙。解読できなくて悔しい〜。誕生日にはいつもより気合いの入ったチャーハンをつくりました！

17 かくれんぼ

きょうはね おとこのこと さんにんで
かくれんぼ したの!!
さんにんでいろんな ところにかくれて みつからないように…
しーって したの
しーっ
クスクス
へぇー 楽しそうだね
…で 誰がさがすの?
だれも さがさない
キッパリ
ただかくれる あそびです!!

ひとこと

後日、用事で幼稚園に行った時、この斬新なかくれんぼをする姿を目撃しました。ただ隠れるだけで、本当に誰もさがしていなかった！

18 ままもようちえんにいったの

＊〇〇くみさん 〇〇くみさん
どこでしょう〜
先生
＊クラス名です
…ってせんせいがうたったらね
ここです ここです
全力で
ここにい〜ます
…ってうたうの
なつかしい〜
ママも幼稚園の頃やったわー
え!?
まま…おばさんなのにようちえんいったの…
おこられなかった…?

ひとこと

しーちゃん…ママ、ずっとおばさん
だったわけじゃないんだよ…（涙）。

幼稚園選びのおはなし
ようちえんってなあに？
楽しいところだよ
しーちゃんが2歳になる少し前に・・・
札幌の私立幼稚園認定こども園ガイド
児童館でたまたま手にした冊子
へーえ幼稚園っていっぱいあるねぇ
幼稚園の情報が色々と載っているけどー
認定こども園
預かり保育
満3歳児入園
3号認定
1号・2号
プレ保育
?
ハテ
わからない用語がずらり…
パタン
この頃同い歳の子を持つママ友さん達と幼稚園の話題が増えてきて
自由に遊べる
幼稚園開放日
・・・に行きました
とある幼稚園（仮称）
これが園活というものね
みんなでとある幼稚園に遊びに行くことになりました
★しーちゃんはじめての幼稚園
★まずは自由遊び
各々遊ぶ2歳児達
★その後は親子で体操や工作をしました
フンッ
プルー
プルー
幼稚園…体力いるぅ…
ハァ
ハァ
あ…先生とお話しできなかった…
こんな感じで終了
2回目の幼稚園
自宅から一番近い幼稚園へお友達と都合がつかず
2人で行くことに…
ドキ
ドキ
ちかくの幼稚園（仮称）
は、
あたたかみのある雰囲気で先生達が明るく出むかえてくれて…
こんにちはー
先生
先生
ほっ
★ここでも最初は自由遊び
ありがとうおいしそう〜
いろんな先生に遊んでもらってすごく楽しそう

先生達が気さくに話しかけてくれるので
はじめてですよね
ハ…ハイッ
チラッと
質問や相談などをすることができました♡
うれしかったのはー
すぐ名前を覚えてくれたり
先生
しーちゃーん
遊んでいる様子を見てさりげなくほめてくれたこと…♡
先生
しーちゃんは自分で工夫して遊び方を考えることができるんですね すごいですー
あらまァ
ちなみにしーちゃんが考えた遊びとは―…
その時
おままごとの木の玉子を遠くまで転がすだけの遊び…
エイッ
こんなことでほめてもらってなんかすみません
★手遊びや絵本の読み聞かせの時間もあり
べったり
少し離れてくれないか…？
えほん
とても好印象だった
ちかくの幼稚園
来たらもらえるシールが楽しみ♡
その後も幼稚園開放日に何度も足を運び――
★月に一度開催される未就園児クラスというものにも参加することに
申し込みますッ
毎日ヒマなんで…
このクラスは1クラス10人ほどの少人数制
みてーカエル
ギャーン
遠足などの行事もあり普段の保育内容を知ることができました
もっと悩むと思っていた幼稚園選びは
ふたつの園を見ただけで決めちゃいました
しーちゃんようちえんきにいった
このまま
ちかくの幼稚園
に、決定!!
決め手は
①自由でのびのびした園の教育方針が
ヒャッハー
しーちゃんに合ってそう!!
②自宅から近い!!
ちかくの幼稚園
自宅
バス送迎ありでも歩いても行ける距離
③雰囲気がよい
先生
環境
保護者の方々
などなど…
入園にかかる費用が思ったより安かったのも決め手のひとつ
たすかる！

そういえばー
夫も何度か一緒に見学に行きました
とある幼稚園
ちかくの幼稚園
どっちがいいと思った？
どっちでもいいよーー
よくわかんないし
もーー
ちゃんと考えてッ
…それから体験入園や入園説明会などを経てーー…
体験入園
お兄さんお姉さんみんな優しかった♥
ガッガッ
正式に入園を決めました
地域によっては
幼稚園激戦区
な所も
あるようですが…
願書提出の時に前日から並んだり…!?
入園が抽選だったり…!?
私達の住む所はそういったことはなかったので家族3人でのんびり願書を提出しに行きました
私達の場合ゆる〜い園活でしたが…
それでも後に
入園許可書
をいただいた時には
ホッ
としたのでした
入園式では…
式の前に、担任の先生に名札をつけてもらい
ドヤッ
ドヤ顔しーちゃん…
泣いちゃう子が多いので心配していた入場では
ぐふふ…
ハリキリすぎて隣の子の服を脱がしかけたり
ままーだいすきーッ♥
って叫んだり…
クスクス
ハラハラした入園式で幼稚園生活のスタートがちょっぴり心配になったけど
どうやら楽しく過ごせているみたい
ズコーーッ
ようちえんでおぼえたのー
キャハー
年中さんになってからは
ようちえん？たのしいよ
いやなこともあるけどふつうのことだよ
…なんてことを言ってます
いろんなことをたくさん経験してーー
いってきまーす
3年間幼稚園で大きく成長できますように♥
おしまい

私
こつばんの
幼稚園の思い出
お寺系幼稚園
なぜか1年保育
身長高かった
絵いっぱい描いてた
おゆうぎ会でさるかに合戦の劇をやることになり
私はカニ役!!
カニ役?すごい…♥
主役気分だったカニ
いっぱいいたー
ガックシ
カニ
カニ
カニ
カニ
カニ
ある日
ヘアゴムについていた赤いビーズが取れた
きらきらしていてとてもきれい
じ〜〜っ
パクッ
ゴクリ
たった…
アワワ
食べちゃったー
どうしようどうしようこんなことだれにもいえないー
ハッ
オロ
オロ
そうだ!!うんちすればいいんだ!!
6歳の結論
トイレ
フゥ…セーフ
うんちでた♥もう安心♥
そんなすぐビーズでるわけない(笑)
これが一番印象に残っている出来事です
トホホ…
ねー
夫くんは幼稚園の頃の思い出ってある?
思い出…?
うーんう〜んうーーーん
?
あッ
幼稚園から帰る時に先生が口の中に肝油《かんゆ》を一粒入れてくれるんだけどおいしくて好きだったなー
へー
他は?
…。
ない
へ?
思い出肝油だけ…?
おしまい

2章 なつ

〈2016年7～8月〉

ようちえんでプールしたよ！
どろんこあそびは
ふくがよごれちゃうから、
ちょっといやだなあ

4さいになりました

7月に4歳になりました！
幼稚園では毎月お誕生日会があり、お誕生月の子は、ステージ上で、クラス名、名前、年齢を発表します。しーちゃんは自主練習を行っていたので（笑）、本番ではみんなの前で元気に言うことができました。

約1ヶ月間の夏休みもありました。長いお休みをどうやって過ごそうかと思いましたが、旅行に行ったり、帰省したり、時々お友達と遊んだり…と過ごしていたらあっという間に2学期に。今年の夏もたくさん遊んで、こんがり日焼けしたしーちゃんなのでした。

19 なつのにおい

きょうあったかいね
そうだねー
ん〜
すぅ〜〜
なんだかなつのにおいがするね
夏のにおいってどんなにおい?
いいこと言うねー
しらない
てきとうにいってみただけ
へへ

ひとこと

「夏のにおい」なんてすてきなことを言うなと思って聞いたのに、適当か…！ ズコー！

20 せんめんきとせんぷうき

なんだかきょうあついね～
せんめんき…
あっ
洗面器？もしかして扇風機とまちがえた…
ププ…
ちがう
あ…あついから
せんめんきにむぎちゃいれてのみたいっておもっただけ!!
洗面器に麦茶…？
ハテ？

ひとこと

まちがいを認めないのは前からだけど、最近はとっさの言い訳が上手くなってきた気がします（笑）。

21 あさめがさめたら

あしたのあさ6じはんにめがさめたらー
しーちゃん4さい？
お風呂あがり
そうだよー
あさおきたらさ あしがながくなって からだもながくなって かみのけながくなってー
あいどるになってるかも…
わくわく
ど〜しよ〜〜

ひとこと

「げー！あしながくなってなーい！」
と当日の朝、がっかりするしーちゃん。
そんなに急にはかわらないよ！

22 おたんじょうびかい

お誕生日会がありました
はーい
しーちゃんに聞きたいことがあるお友達いますかー?
はーい
んーっ しーちゃんにィ
なにがききたいんですかあ
すきなごはんはなんですか
えらそう
え…ごはん…
もじ
もじ
急にもじもじー
…うめぼし
コソ
コソ
梅干し!? ほとんど食べたことない…

ひとこと

最初は張り切っているのに、いざとなったらもじもじしちゃう、しーちゃんのお決まりのパターン!

23 こいばな

きょうさー♡くんに
「しーちゃんやだ!!ついてこないで」っていわれちゃったのー
あらま
いつもはすぐなかなおりするけどー
きょうはなかなおりできなかったんだ…
あ〜あなかなおりしたーい
ふぅ〜
げんきでなーい
…だから
ゲフ
ぷりんおかわり
調子のるな

ひとこと

もう恋バナができるのか〜♡ と思いきや、まだまだ食い気の方が勝っているしーちゃんでした。

24 しーちゃんのなまえ

しーちゃんのなまえって
『じゅり』ってきまってるの？
そうだよー
パパとママが決めたよ
あのね…ちょっとだけー
しーちゃんがかんがえたなまえでよんでほしいの〜
えーー
何さ？
しーちゃんのこと
『たべもの』ってよんでください!!
…
たべものー
はーい
たべものちゃんでーす

ひとこと

3回ほど「たべもの〜」と呼んであげたら、
気が済んだようです（笑）。

25 たいまーできえる

ねー まま
せんぷうきにある『たいまー』ってなあに？
えーっと… タイマーを『1』にすると1時間後に扇風機が消えるんだよ
ドキ
ドキ
え… どこにきえるの？ もしかして…
うちゅう？
パッ

ひとこと

私の説明下手のせいで、勘違いをさせてしまいました。扇風機が宇宙に消えるなんてスケールが大きい！

26 ちがでた

ひとこと

2人で出かけると、いつも何かが起こり、すぐ帰ってきます…。パパ、ソースと血はまちがわないで！

27 あやしいくちぶえ

幼稚園で覚えてきたこと
ゆずりあい
おわったらかーしーて!!
いーいーよ
正しいハサミの渡し方
こうやってもつんだよ
はい どうぞ
あやしい口笛
ヒィ~~ヒイイイイエエエ
キイイエエエ~~イ
どうしちゃったの…？
こわ…
あ、コレ？
くちぐえ(口笛)っていうのようちえんできいたわけ

ひとこと

役立つこともそうでないことも、幼稚園でたくさん学んできているようです。

28「さー」ぶーむ

もーー いいかげんにして!!
今日ワガママすぎるよ!! ひとつも言うこと聞かないし くどくど…
『ごめんなさい』言えるかな…
何が言いたいの?
ままにいいたいことあるの…
あのさーしーちゃんさーー あかちゃんのときにさーー おっぱいいっぱいのんでさーー …ごめんね
おっぱいのみすぎてさーー
おっぱい!?
今ソレ!?

ひとこと

1歳5ヶ月頃まで飲んでいたおっぱいのことをこのタイミングで言われても…。でも、その頃はたくさん飲んでくれてありがとうね(笑)。

29 わらってながいき

ままー
だっこー
ビッ
ごめーん
おならでちゃった
やきいもばっかり
たべてるからー
手のひらに
ビッって
ひびいたよ
もぉー
ギャハハハ
ちょっと…
ビッって…
ヒー

フゥ〜〜
ままえに
いっぱいわらうとながいきするっていってたでしょ
きょうはおならでいっぱいわらったね
いっぱいながいきできちゃうね

ひとこと

毎日笑って過ごせたらなんとなく長生きできそうな予感。おならでもいいからこれからもたくさん笑わせてね♡

30 やんちゃのいみ

ひとこと

自分に都合のいい解釈をしていました。
さすが、ポジティブしーちゃん！

31 おんなどうしのおしゃべり

ままって
しーちゃんが
おんなのこで
よかったーって
おもうことある？
うーん…
男の子を育てたこと
ないから わかんないけど
女同士で
おしゃべりが
楽しいところかな…
あーー
しーちゃんも!!
きーー
あうーー
ままってさー、すぐ
おしゃべりは
もうおしまい!!
っていうけどーー
それ、
もういうの
やめな？
ね？
ツン～

ひとこと

「おしゃべりはもうおしまい！」と言うのは、主に寝かしつけの時。寝る前のおしゃべりは特に長くなりがちです。早く寝て〜！

32 はりあう4さいじ

はいはい姿がかわいい
めいっこちゃん
早い早い!! 上手〜♡
かわいい〜♡
ん!?
ペタ
ペタ
ヒタ
ヒタ
バブゥ〜
チラッ
バーブゥ
チラッ
わかったわかった…
しーちゃんもかわいいよ…

ひとこと

めいっこちゃんをかわいがると、いつもはいじけてしまうしーちゃん。この時は対抗して「かわいい♡」の言われ待ちをしていました。

33 しーちゃんのすきなところ

?
しーちゃんのお尻好きだわー ぷりんとしてて♥
じゃあ
2ばんめにすきなところは?
まるいおへそかな
3ばんめは?
お鼻!! ニンニクみたい♥
ププ
4ばんめは?
ほっぺ!!
プルプルしてて♥
5ばんめは?
えー…っと アゴ…?
ちょっとちょっとー どーんだけしーちゃんのこと すきなのーー? まだあるわけぇ?。

ひとこと

どんな理由でも喜んでくれるのかと思って「くさい足が好き！」と言ってみたら、「あ〜！まま、しつれい！」と怒られました（笑）。

34 おりんぴっく

次のオリンピックはしーちゃんが8歳になった時
東京でやるんだよ
えーーーッ
しーちゃんが100さいのとき? おばあさんでしょ…
ちがうちがう
8歳だよ
まちがったー
『ばっさい』かー
・・・
あのさ、おりんぴっくでなくてもいいかな?
むずかしそうだからさ…

ひとこと

誰も「でて」とは言ってないよ（笑）。
東京オリンピックは見て楽しもうね！

35 なつやすみなにした？

きょうね みんなでまるくなって となりのひとに ボールをわたしてね、おんがくがとまったときに
ボールをもってたひとが いんたびゅーされる ゲームしたの
でね、しーちゃんが ボールもらったら おんがくとまったの
びっくり したー
へぇ〜 なんてインタビュー されたの？
あのね なつやすみ なにした？って いわれたからー
なつやすみは おかし たべました!! っていったのー
おかし…？
他にもっと あるだろー

ひとこと

夏休みは旅行に行ったり、いろんなお友達に会ったり、たくさんの経験をしたはずなんだけど、一番印象に残ったのは「おかし」かあ…。

36 き〜あう〜

朝、お見送りをした後――
バイバーイ
ようちえん
あっ…月、見えてるしーちゃんに教えてあげたかったな…
ただいまー
きょうね あさのバスからね つきがみえたの ままにいいたくて…
え!! ママも月見て同じこと思ったよ!!
しーちゃんに教えたいなーって…
き〜あう〜
気、合う〜〜
キャッ
キャッ

ひとこと

バスの中から見た朝の月を、幼稚園から帰ってくるまで忘れずに伝えようとしてくれたことが何より嬉しいです。

37 おにぎりわすれた

午前中に用事を済ませてから帰ってきたら――
おにぎり忘れてる
※おかずは持っていった
確か今日近くの公園でお弁当食べるはず
もう食べ終わってる――!!
そして帰宅
ブッスー
機嫌悪そう…
ヒー
まま…
スイカのしるこぼしちゃったの…ごめんなさい…
いいよいいよ!!おにぎり入れ忘れてごめんね
へ?
おにぎり?

ひとこと

入れ忘れたおにぎりは帰宅後、「おにぎりある！ラッキー！」としーちゃんのおやつになりました。

38 おしゃれぼうし

幼稚園指定の帽子
このぼうしをね
こうしたらおしゃれなの
ドヤッ
オシャレ…?
あーいまぜったいださいっておもってる!!
*おっきいくみさんみんなやってるの!! ぜったいおしゃれ!!
*年長さん
幼稚園に行った時見てみると——
あっままだー♥
やっぱりみんな普通に
かぶってるじゃないのー…

ひとこと

しーちゃんのオシャレの基準がよくわからない! とりあえず視界は広がりそう〜!

39 まっさーじ

鉄棒でたくさん遊んだ日
せんせ〜みて〜!!
4さいだからこんなことできるの——
低い
…の夜
ままゆびにあなあいちゃった…
お風呂あがりのふやけた手
あらら皮がむけてる!!
オイルでマッサージしてみようか
おいる〜?
んフゥ〜いいじゃない
はい、つぎこっちのてよろしく——
コラ調子のりすぎ
まいにちやって♥

ひとこと

オイルマッサージのおかげか、翌朝には指の薄皮がすっかりきれいに。やっぱり若いと治りが早いんだね！

3章 あき

〈2016年9～11月〉

あきは、はっぱが
とてもきれいだけど、
いつかきれいじゃ
なくなるんだよね…

いちょうなみきに
きたよ

ペットボトルの空き容器で「探検バッグ」をつくったら、幼稚園で大活躍！ 首から下げられるようになっていて、拾った落ち葉や木の実でいっぱい。集めたものは工作の材料にすることもあるそうです。

行事が盛りだくさんの秋。春に植えたジャガイモの収穫体験をしたり、バスに乗って遠足に行ったり、秋祭りにみんなでおみこし行列をしたり。そして最大のイベント、お遊戯会。たくさんの保護者達の前で緊張している様子だったけど、一所懸命にダンスをする姿から成長を感じました。

40 あこがれのねんちょうさん

*おっきいくみのひとが ちいさいくみに あそびにきて かえるとき――
おじゃま しました!!
って いうの
*大きい組＝年長さん 小さい組＝年少さん
…おじゃましました
…って
かっこいい～♥
しーちゃんも いいたい…♥

ひとこと

年長さんのやることすべてがかっこよく
見えるようで、憧れが止まりません!!

41 なみだがひとつぶ

きょうね
しーちゃんの すきなせんせい おねつで おやすみだったの…
せんせいしょうかい
さみしくなったから
かざってあるしゃしんをみたの――
そしたら――
ホロリ
なみだがひとつぶこぼれたよ
詩人…

ひとこと

どこで覚えるのか、時々詩人のような言い回しをします（笑）。

42 あずかりほいく

今度 預かり保育 してもらうからね ママちょっと 用事あってさー
えーー やだア
おやつ頼んであるから みんなで 食べるんだよ
やだってのに もぉーー
翌日
あのね しーちゃんの あずかりさんのひの おやつ
バターポテト だって♥
せんせいにきいたの♥ あ〜 バターポテトって どんなおやつだろー
ポテトすきだしー きになるぅ〜♥
楽しみに してくれてるなら ホッ♥

預かり保育当日
なんだかさみしくて ていっしゅをめにおいて
がまんしてたの… トイレのなかで
グズッ
そしたらね
せんせいが きてくれたの…
先生
しーちゃん もしかして泣いてる？
うん なんでわかるの？
せんせいが とけいを かしてくれてー
先生
長い針が12になったら お母さん来るよ
へー
おやつを食べてから ずっと時計を 見ていたんですよ
先生
バターポテト おいしかった♥
お世話に なりました!!

ひとこと

先生達のおかげで無事終了した預かり保育。おやつもおいしく食べたみたいだけど、やっぱりさみしかったみたいで「もうぜったいあずかりさんしないから！」と宣言されました…。

43 しーちゃんのかわいいところ

あ〜かわいい〜♥
しーちゃんってかーわいいわぁ♥
どのへんがかわいいんでしょうか？
おはなのしたのびてるところ♥
ちゅ〜
おはなのしたのせん かわいい〜♥
人中《じんちゅう》

ひとこと

チャームポイントが人中《じんちゅう》の子
なんてなかなかいないぞ！

44 しょうじきにてをあげてください

プ〜ッ
…パパじゃないよ？
しーちゃんもちがいます…
ママでもないよ？
じゃあみんな、目をつむってください
おならをした人は正直に手をあげてください
スッ
プププ

ひとこと

最初はごまかしていたけど、目をつむったら
正直に手をあげちゃうしーちゃんでした。

45 さつば

ただいまー
はい さつば!! ままにプレゼント♥

はっぱがさんこのさつばしかなくってさ…
よつばじゃなくてごめんね
それは三《み》つ葉《ば》のクローバー

ひとこと

惜しい！ 葉っぱが3つの三つ葉だよ〜！ プレゼントしてくれるならさつばでも四つ葉でも嬉しいけどね♡

46 すーぱーぼーるすくい

近所のお祭りでスーパーボールすくい
紙
いっぱいとるぞーエイエイオー
すくったらすぐコップに入れなよ
やぶけやすいからさ…
わかってる!!
早く入れて
みてッほら!!
みてみて
あっ!!
ポチャン
終了ー
やぶけた…

ひとこと

はじまる前にあれほど言ったのに…。
来年の夏祭りでリベンジだ！

47 くっついたら

しーちゃんとままがくっついてとれなくなったらいっしょにようちえんいくしょ
先生
困りますー
そしたらせんせいがおかあさんこまりますっていうしょ？
ほう
ソーレ
ヒー
イテーッ
ソーレ
せんせいとおともだちみーんなにひっぱってとってもらおうね
おやすみー

ひとこと

くっついてしまった際には離れられるように、皆様ご協力をお願いいたします～！

48 ふわふわくんをかりたら

すやぁ
しーちゃんの毛布 通称『ふわふわくん』
ママの毛布
しょうがないから しーちゃんのふわふわくん 借りるか・・・
スー
ピー
巻いてみた
30分後——
ちょっと・・・ まま・・・
なんで ふわふわくん つかってんのさ・・・
ビクッ
ヒー
こわっ!!

ひとこと

熟睡していたはずなのに、ふわふわくんを借りたらすぐ気がつくしーちゃん。どこかにセンサーでもついてる!?

49 はっせいれんしゅう

ゴホッ
ゴホッ
あー あーー
コホン ままだいすき
ゲホ ゲホッ うんッうんッ
ままだいすき ケホケホ
大丈夫?
で、さっきから『ママ大好き』って何?
ちゃんとこえでるかたしかめてたのー
へへッ

ひとこと

口ぐせになってる「ままだいすき」が、
発声練習にもなりました(笑)。

50 てがいっぱいあったら

先生に手がいっぱいあれば
みんなと手をつなげるのになあ…
先生
。。。っていってた
へぇ～
先生かわいいこと言うね
!!
かわいい?
『そんなにてがあったらたこみたいできもちわるいっしょ』っていっちゃった…
どうしよ…
みんな～
先生

ひとこと

みんなと手をつなぎたいという先生の
優しい気持ちが台なし～！

51 せんせいにごめんなさい

きょう せんせいに『かおがあきた』って いっちゃった…
先生
かなしー
…って いってた
飽きた？
なんで そんなこと 言っちゃったの？
わかんない…
まちがって いっちゃったの…
明日謝りな～ きっと許して くれるよ
うん
じゃあ まま せんせいに なって… れんしゅう したい…
えーーっとぉー かおあきたって いってぇ～～
…ごめんなさい
やり直し
謝る気 ある!?

ままー このちらし ちょーだい
いいよー お絵描きするのかい？
やっぱりさ… せんせいに ごめんなさいいうの はずかしいから
おてがみ かくわ…
そっかー
じゃじゃーん
できたよ～ みる～？
裏に手紙 かいてある
正しい 大便の とり方
トレール
ギャッ
この紙は だめーーッ
パパの 健康診断の 紙でした

ひとこと

謝るのははずかしいからお手紙を書いたのに、
その紙はパパの健康診断の「検便の説明書」！
渡す前に気がついてよかった～！

52 てこっ

ひとこと

「テコッ」という謎の効果音を言っていたのは
この日だけでした。また聞きたいな～！

53 じこになります

横断歩道を渡る時——
ビシッ
えらいわねぇ
うんうん
えらいえらい
てぇあげてるだけなんで
はなしかけないでください…
じこになります…
もじもじ

ひとこと

横断歩道を渡る時は右見て左見てもう一度右見て、ビシッと手をあげます。あまりにビシッとあげるので外国人の男性にハイタッチされたことも（笑）。

54 いろいろあるわけ

きょうおたんじょうびかいでいんたびゅーしたんだけど
すきなたべものはなんですか?
しーん
っていわれたの
あとね ないてるこがいたから
どうしたの?
バシッ
てをばしっ、ってされたの
ようちえんもさ、
いろいろあるわけ

ひとこと

子どもの世界も色々あるみたい。楽しいこともイヤなことも経験をして、成長してね。頑張れー！

55 えんそくのおもいで

おかえりー
遠足どうだった？
といれがわしきだった

ひとこと

一番印象に残ったのが「和式トイレ」!?
よっぽどインパクトがあったんだね…。

56 ままのところにうまれたわけ

ひとこと

何かすてきな理由が聞けるかと思ってワクワクしたけど、想像以上に現実的な回答でした。

57 にらめっこ

ひとこと

にらめっこで2人して痛い思いをすることになるとは！ 今後は場所を考えて、にらめっこをしようと思います…。

58 つかれめ

ちょっと来て…
しーちゃんかわいい顔で
寝てるよ…
スー
ピー
フゴッ
美人さんに
なってきたなァ
び…美人？

ひとこと

毎日残業で疲れているパパ。特に
目の疲れは重症のようです（笑）。

59 だっこちけっと

だっこちけっと つくりましたー
しーちゃんを だっこしたいときに つかってね
だこちけと…
いらな…
だこちけと♡
パパつかう!!
あ〜ぱぱのちけっと 7がつのです…
いま 10がつなんで…
えーー
ママのは?
あー…
6がつの です

ひとこと

期限切れの「だっこちけっと」、
好評配布中です！

60 おならでるたいぷ

フーー
フーーッ
ハフハフ
白菜のかけら
ん？なんだこれ？
なんかとんできた…
きのうしーちゃんが
はくさいフーーッしたらとんでいってぱぱが『なんだこれ？』って…プププ
ほ〜んとわらったよね
ぷぅ〜
ギャハハハハ
ぷぅ〜〜
だってぇでちゃったーわらったらおならでるたいぷなのー

ひとこと

笑ったらおならがでるタイプ…できれば
そのタイプには属したくない！

61 ぺふっ

モグ
モグ
みかん おいしいね
うん
むぐ
かまないで みかんそのまま 飲みこんじゃった
ププププ……
ペフっ
みかん でちゃった!!
ごめん!!
わらいたくなった!!
み…みかん のんだー

ひとこと

食べかけのみかんが口からでちゃったけど、限界まででないように我慢していたので許す！

62 おふろにはいってるすきに

はぁ〜こうやってしーちゃんと一緒にお風呂に入れるのは
いつまでかな〜〜
え。。。
ずっといっしょにはいるけども。。。
いやいや…
大きくなったら1人で入りたくなるものなんだよ
さては。。。しーちゃんがおふろにはいってるすきにー
ままおうちからいなくなるんだな?
じ〜〜っ
被害妄想はげしー

ひとこと

もし家出することがあったとしても、しーちゃんがお風呂に入っている時はやめとくね（笑）。

63 あいされているじしん

ひとこと

しーちゃんってすごく愛されている
自信があるんだなあ。正解だよ〜！

64 ひらべったい

しーちゃん起きたな…
キョロ
キョロ
おはよー しーちゃん おねぼうしちゃった♡
へへ
ん?
だれもいない…
アセ
アセ
ままねてたのかい
ままって ひらべったいねぇ

ひとこと

布団と同化しちゃって存在感がなかったみたい。そんなに薄い体じゃないんだけど…。

65 やぶいしゃしーちゃん

びょういんやさんです
きょうはどうしましたか?
身体が痛くて
熱があって咳もでます
ゴホッゴホッ
うーん…
そうですかァ
とうとう(少々)
おまちください
…
ーえっと
けつまくえん
です
すごーくしみるめぐすりしてください
目!?

ひとこと

症状を聞いた感じでは風邪のようだけど、しーちゃん先生の診断は「結膜炎」。もしかして…やぶ医者??

66 さんたさんのひみつ1

きょうね せんせいが クリスマスのえほんを よんでくれたんだけど
そしたら『サンタさんのひみつ おしえてあげる!!』っていうひとがいて…
え… 秘密って… 何？
ま… まさか…
ドキドキ
あのね サンタさんって
コソ…
よなかの12じにくるんだって… おそいよね すごくくらいのに…
ホッ

ひとこと

サンタさんの秘密って、もしかして…と
ドキドキしちゃいました（笑）。

67 さんたさんのひみつ2

ひとこと

普通の人間の大きさのサンタさんが、誰かに見られたら5cmくらいまで小さくなると聞いたそう。私も初耳！

しーちゃんがうまれるまで
妊娠初期のおはなし
しーちゃんってままのおなかのなかにいたの？
2011年秋
とにかく眠い…
ほんのり微熱
もしかして…
やっぱりーー
妊娠検査薬
くっきり陽性
すぐに
妊娠!?
と、ピンときたのは
この3ヶ月前と更に1年前に妊娠を継続することができなかったからー…
これが三度目の妊娠…
不安で不安で
大丈夫かな…
素直に喜べなかった…
嬉しいことなのにッ
でも夫は
大丈夫大丈夫
俺がパパかぁ…
やたらと楽観的だしー
今までの事情を知っている産婦人科の先生は
心配だと思うからこれからじっくり見ていくよ
ハイ
すごく親身になってくださるしー
少しずつ大きくなっていくエコー写真を見ると
豆粒に見えたのが
人間の形ぽく…
かわいい…
エコーしゃしん
自然に前向きになってきました
普段の私なら
検索魔
トラブル
妊娠初期
切迫
心拍確認
胎児大きさ
ギラ
ギラ
PC
に、なるところだったけどーー
私はどうやら眠りづわりというものだったらしく
ハッ
また寝てた!!
また寝てた!!
寝ても寝ても眠い毎日
なのでパソコンやスマホにむかうことなく
ソファーが定位置
すやぁ
寝まくっていたのでー
特に心配事が多い妊娠初期に
仕事は気合いで乗り切ってました…
フラフラ
何も考えずに済んだのはよかったのかも…しれない

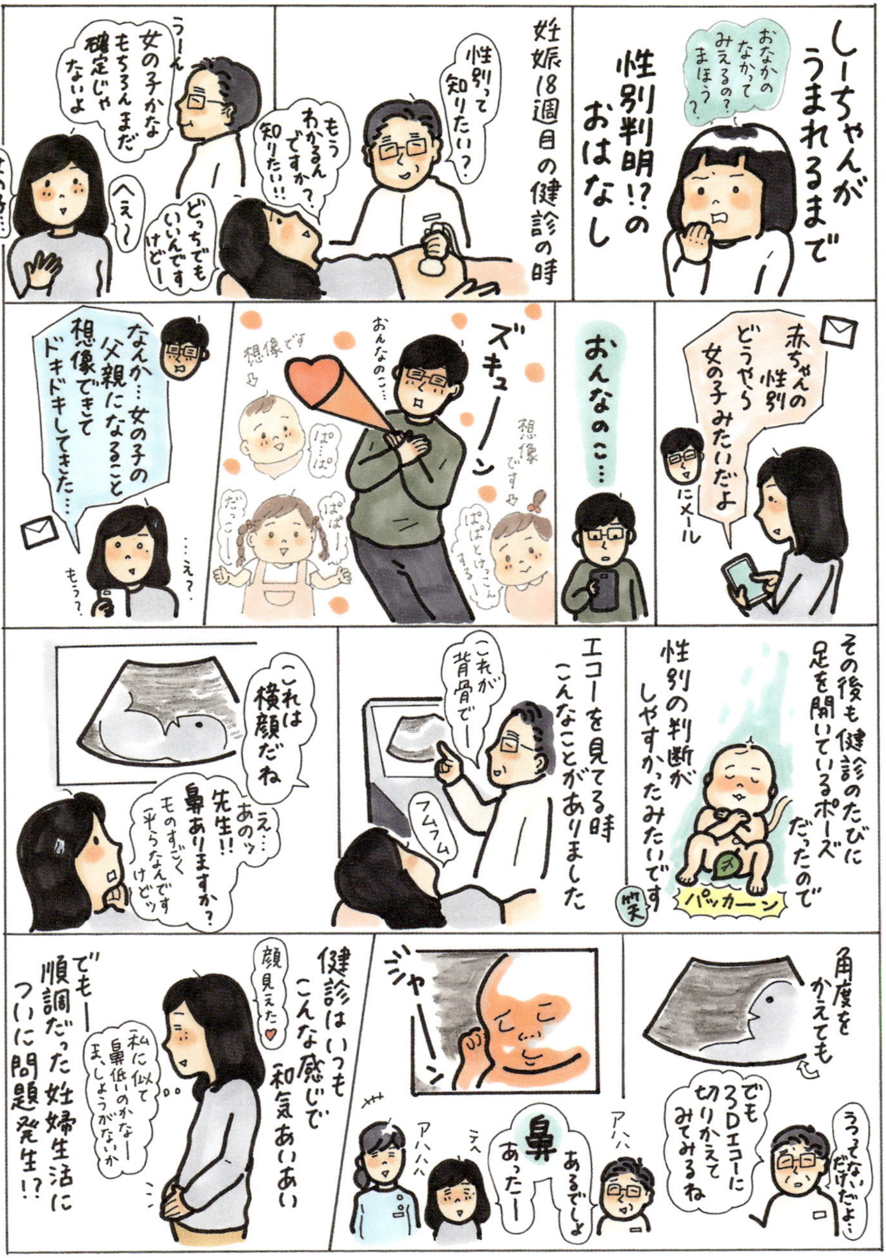
しーちゃんがうまれるまで
性別判明!?のおはなし
おなかのなかってみえるの?まほう?
妊娠18週目の健診の時
性別って知りたい?
もうわかるんですか?知りたい!!
どっちでもいいんですけどー
うーん
女の子かなもちろんまだ確定じゃないよ
へぇ~
女の子…
赤ちゃんの性別どうやら女の子みたいだよ
にメール
おんなのこ…
ズキューーン
おんなのこ…
想像です
ぱ…ぱ
だっこー
ぱぱー
想像です
ぱぱとけっこんするー
なんか…女の子の父親になること想像できてドキドキしてきた…
…え?
もう?
その後も健診のたびに足を開いているポーズだったので
性別の判断がしやすかったみたいです
笑
パッカーーン
エコーを見てる時こんなことがありました
これが背骨でー
フムフム
これは横顔だね
え…あのッ先生!!鼻ありますか?
ものすごく平らなんですけどッ
角度をかえても
うつってないだけだよ…
でも3Dエコーに切りかえてみてみるね
ジャーン
鼻あったー
あるでしょ
アハハ
エヘ
アハハ
健診はいつもこんな感じで和気あいあい
顔見えた♡
私に似て鼻低いのかなー ま、しょうがないか
でもー順調だった妊婦生活についに問題発生!?

4章 ふゆ

〈2016年12月〜2017年3月〉

ままはさむいさむい
っていうけど、
ふゆってそんなに
さむくないよね

クリスマスかい
ろうそくもったよ

雪が大好きなしーちゃんは、冬は毎日のように園庭や公園で雪遊びを楽しみます。最初はこわかったソリ遊びも、みんなが一緒だと大丈夫。とびっきりの笑顔で楽しんでいる様子が、雪まつりの写真に残されていました。

３学期になると、お別れ会の準備がはじまりました。年長さんへ送る歌の練習をしていると、なんとなく環境の変化を感じ取ったのか少し不安定になってしまったしーちゃん。

不安を取り除き、少しでも安心して過ごせるよう、パパと２人でいつも以上に甘やかしました（笑）。

68 なんかいだっこしたい?

しーちゃんのこと 100かいでも 200かいでも
300《さんびゃく》かいでも 400《よんびゃく》かいでも なんかいでもだっこしていいんだよ!!
→覚えたての大きい数字
さ〜〜
しーちゃんのこと なんかいだっこ したい ですか?
1回
ちゃんと しーちゃんのはなし きいてた…?
400《よんびゃく》かいまで あるんだけど…

ひとこと

とぼけてみたら真剣に注意されました。
それにしても400回は多すぎるよ〜!

69 ままのあしがとれた

ねるよー
あっ…あし…
まま…もしかしたら
あしがとれてるかもしれない…
ん?
しーちゃん想像図
ポロッ
あった~はぁ~よかったぁ
ホッ

ひとこと

本気で足が取れてると思い、恐る恐る教えてくれたしーちゃん。自分の足が取れたらさすがに気がつくよ!

70 ねおきがわるい

も〜〜
お弁当つくってるのにー
ままー
だっこだっこー
だっこがないとおきられない
うわーーん
寝起き最悪
朝はいそがしいんだよ!!
1人で起きてよー
グズッ
しーちゃんすごくわるいこだった…
ごめんなさい…
わかってくれたならいいんだよ

・・・そういうわけで・・・
もぞ
もぞ
スー
寝るなー!!

ひとこと

これでもしーちゃんは夜の8時には寝ているんです…。どれだけ寝たら、朝スッキリ起きてくれるのかしら？

71 おうえん

ままー
パズル やるからー
ん？ 手伝うかい？
うぅん しーちゃん ひとりでやるから
ままは いいね〜とか あってるあってるとか しーちゃんって すごいんじゃなーい？・って おうえんしてほしい♥
あってる あってる

ひとこと

ほめ言葉がしーちゃんのやる気の原動力のようです。いっぱい応援するよ！

72 ぱぱのしゅっちょう

いつもパパには冷たいしーちゃん
抱っこさせて
スーッ
やっとのことで抱っこをしても…
あの…
もうちょっとしがみついて…?
プラ〜〜ン
だけど パパが出張に行く時は―
さみしい…
ぱぱ いないと… すごろく… できない…
ぱぱァ〜
よしよし… グズッ
もらい泣き
数日後―
しーちゃーん
パパから電話だよ
いま いそがしい
♪〜
フンフフーン

ひとこと

数日、いや数時間でパパに対してドライないつものしーちゃんに戻りました（笑）。

73 こどもより

ままも
サンタさんに おてがみかいたら プレゼントもらえる?
うーん ママは大人だから
無理かな〜〜 欲しいけどね
じゃあさ…
おてがみに こどもよりって かいたらいいんじゃない?
ククク…
サンタさんへ そうじきが ほしいです こどもより

ひとこと

こらこら、サンタさんを
だましちゃだめーー!!

74 なんにもいえなかった

きょうね サンタさんの ぬりえをしたんだけど Aちゃんがぐちゃぐちゃに ぬっててね ほかのこどもが ぐちゃぐちゃだーって いったら Aちゃんないちゃったの…
あら… そんなことが あったの… しーちゃんは どうしてたの?
ぐちゃぐちゃだって 言ったの?
ううん… しーちゃんは ただみてたの
ほんとうは ぐちゃぐちゃでも いいんだよって おもったけど なーんにも いえなかったの
せんせいがAちゃんに だいじょうぶだよって いってた
そっかー 今度は 見てるだけじゃなく 言えるといいね
うん。。。
そのあとに Aちゃんに おかたづけしよ〜って いったら しーちゃんのおなかに ぱんちしてきたの ズコーー でしょ…

ひとこと

おなかにパンチしてきた子を気にかけることができるようになったなんて、心が成長してきたのかな?

75 ききまちがい

お手伝い
しーちゃんがたおるほすの～
洗濯物
きれいに干してくーださいッ!!
ぐずッ
ぐずッ
バサッ
え!? なんで泣いてるの?
上手にできない?
ままがしーちゃんのことださいっていった!!
むむむ。。。
ださいっていったらだめなのにッ
は～あ?
ダサイなんて…
ハッ
もしかして干してく～ださいがダサイって聞こえた!?
もじ
もじ
そ… そうかも…

ひとこと

疑惑が晴れてよかった！「ダサイ」と言われたと思い込み、泣きながらも洗濯物を干してくれるなんてエライ！

76 どうがでなかなおり

朝からイライラ
ままおこってばっかり
イライラ
イライラ
しーちゃんワガママすぎ!!
あのさー…
しーちゃんがあかちゃんのときのしゃしんがみたいの…(うごくやつ(動画))
いいよ
PC
しーちゃん0歳
んげー
んげげげ
キャッ
キャッ
ばあ〜
しーちゃんってあかちゃんのときから
ずーっとわらってるね
なかなおりッ
たのしいね
しあわせなことだね

ひとこと

赤ちゃんの頃の動画には仲直りができる効果があるみたい。ケンカした時にはまた一緒に見ようね。

77 わらいごえ

へけけ…
へけけけ…
いない…
あれ?
へけっ
へけけけ
へけけ…
ククク…
ヒー
ビクッ

ひとこと

新年早々、頭上から聞こえる笑い声は恐ろしかったけど、楽しい夢を見ているようで何よりです。

78 かのうせい

ひとこと

覚えたてのむずかしい言葉をつかいたいお年頃。きちんと意味を理解してつかっているようでびっくり！

79 すてきないちにち

明日はママのお友達に会うよー
男の子も2人来るよ 前に会ったことあるけど 覚えてるかな？
えっ。。。
おとこのこがふたり…？
なんだか すてきな いちにちに なりそう～♥
よ～く あらわなくっちゃ

ひとこと

久しぶりに会うからには、きれいにしておきたい乙女心。なんだか、すごく期待しちゃってます♡

80 へんたい

ひとこと

しーちゃんのひとつ年上のこうせいくん。「ヘンタイ」という単語、しーちゃんはしっかり覚えました（笑）。またいろんなこと教えてね！

81 めいっこ

ままー
めいっこってなあに？
ママとパパのきょうだいの子どものことで男の子は『甥《おい》』女の子は『姪《めい》』って言うの
ママにとってさっくんは『甥っ子《おいっこ》』めいっこちゃんは『姪っ子《めいっこ》』
…ふーん
しーちゃんはおんなのこだから『めいっこ』？
しーちゃんはママの子だけど
さっくんママ（私の妹）にとっては姪っ子《めいっこ》だよ
なにいってるかひとつもわかんない
キッパリ

ひとこと

途中までわかっている様子だったのに、全然わかっていなかった〜!! でも、これって説明が難しい！

82もじもじ

みてみて〜
しーちゃんがかんがえたんだけどしるちゃんとララちゃん…かわいくできた…
ままはえがじょうずだけど
しーちゃんはへたっぴ…でもみて〜〜
すごく上手だよー!!
自分で考えて描けるなんてすごいことだよ
ママしーちゃんの絵好きだよー
ニヤ
ニヤ
もじ
もじ
わっ

ひとこと

ほめられたことがよっぽど嬉しかったみたい。
全身から気持ちが溢れていました（笑）。

83 こおりって

しーちゃんが高校生くらいになったらデートでこういうとこ
来るのかなあ
ちぅ～
ねぇぱぱ このこおりって おゆだとおもう？
デートの時、そんな不思議なこと言ったら彼氏に引かれるぞ
ハハハ…
むしろ引かれた方がいいな…
ハア？
やっぱりままのとなりにいく～～まま～～ん

ひとこと

ちょくちょくかみ合わない2人の会話を聞くのが、
実はけっこう楽しかったりします。

84 やぶいしゃしーちゃん2

びょういんやさん でーーす きょうから はもみれまーす
あ〜ん
歯が痛いので なおしてください
あ〜…
まずは ピッピッって しますから…
はい しんぞうは うごいてます
はい、おだいじに
あの…
歯は？

ひとこと

歯も診てくれる画期的なお医者さんなのかと
思いきや、やっぱり再びやぶ医者でした！

85 しょーがないから

あ〜
ズビッ
鼻風邪
カフェとか行きたいけどー
いこう!!
ママさ…
ズビッ
鼻詰まってるからコーヒーの味もにおいもしないわ
え…
あじしないの…? もしかしてケーキのあじもしないの…?
しょ〜がない…
あじしないならしーちゃんがケーキたべてやるか…
さっ いくよ
おいッ

ひとこと

カフェ好きなしーちゃん。ケーキが食べたすぎて、ママの声は届きませんでした…。

86 ままをおもいだすこと

ママさ、ひとりの時に何回もしーちゃんのこと思い出して
会いたくなっちゃうんだあ
へ～え そ～なの～♡
まますきー らぶらぶぅ
しーちゃんは幼稚園で
ママを思い出すことある？
ない

ひとこと

気持ちいいくらいきっぱりと「ない」！
それくらい幼稚園、楽しんでいるんだね♡

87 せつぶん

もうちょっと したら…
ようちえんに オニくるって… …ほんと？
はぁー…
来るかもしれないケド みんなも先生もいるし、その日はママも 幼稚園行くから 大丈夫だよ
もしかしたら みんなこわくて ようちえんやすむかも…
そしたら しーちゃんひとりで オニとたたかう ことになる…
はぁ〜〜
ぽつ——…ん
エ… エイッ

ひとこと

しーちゃんが通っている幼稚園に来るオニはこわいと有名です。みんなお休みしませんように…。

88 いんふるえんざ

ひとこと

みんながお休みしちゃうんじゃないかと心配していた節分の日に、しーちゃんがインフルエンザで欠席！ やっと登園できると思ったら学級閉鎖。さすがに放心状態になりました（笑）。

89 おなやみそうだん

突然はじまるお悩み(?)相談コーナー
なんでもきいてッ!!
なんでもおしえたいのッ
お医者さんになりたいんですけどどうしたら…
べんきょうがんばりなさい
うーん… えーっとモデルさんになりたいんですけどどうしたら…
あしこーゆーふうにしないこと
ポンッ
ま、がんばりな…

ひとこと

実際は50個くらい相談をしています。
もう聞きたいこと何もないよぉ…。

90 びじんにな〜れ

がーゼで
顔を拭きながら
はあ〜 あったかーい
おめめパッチリにな〜れ
お鼻高くな〜れ
美人にな〜れ
ハイ、おしまいッ
まま あとさ
おみみと あごも びじんに なるようにして〜
顔面全部…

ひとこと

他にも「ぷるぷるの唇にな〜れ」「一生肌荒れしませんよ〜に！」と、願いを込めながら顔を拭いています。

91 ぴーん

お寝坊さん起きてー♡
あ〜あせーっかくいいゆめみてたのにッ!!
ブッスーー
だっこでトイレつれてってっていってるの!!はやくッ
イラァ
ちょっと!!
ピーンってしないで!!抱っこしづらい!!
ピーン
は〜あ!?はなくそあるんですケド?
ほじるとぴーーんってなるんですケド?
トイレ
ジャーッ
スッキリ
さっきはごめんね

ひとこと

やっぱり寝起きの悪いしーちゃん。スッキリしたあとは、いつものしーちゃんに戻ります。

92 ほしのままでもあいにきて

あのさ…
しんだら
ほしになるって
きいたの…
せんせいに…
ままも…
しんだら
ほしになる？
しーちゃんが
だっこしてほしいとき
ほしのままでいいから
あいにきて…
ヒーン
わかったよ
まま！♡
しーちゃんやー

ひとこと

会えるのならどんな形になっても、
会いに行くよ♡

93 ようちえんのしゃしん

ひとこと

幼稚園で撮ってもらう写真は普段見たことのない表情がいっぱい！ 楽しんでいる様子が伝わってきます。

94 かおのあと

ままみてーー
しーちゃんのてのあとーー
しーちゃんみてーー
雪です
ママの顔
ギャハハハなにこれ〜〜
あっバスきたよ
えっ…!? もう!?
おはようございまーす
先生
お…おはようございます…
ビチャ
ビチャ
ププッ…

ひとこと

しーちゃんを笑わせようと顔のあとをつけてみたら、いつもより早く幼稚園バスが来ちゃった！ はずかしーー！

95 わらってただけ

おむかえに行ったら——
ブハハハ ヒーー おっかしーー
アハハ アハハ
笑い転げているしーちゃん …とお友達
しーちゃーん帰るよー
あ、ままいたのー？
ばいばーい
楽しそうだったね
何して遊んでたの？
あそんでないよ ただ わらってただけ

ひとこと

ただ笑っているうちに本当に楽しくなってきちゃったのかな？ 2人とも笑いすぎて涙まででてました。

96 だっこおねがいします

ひとこと

まっすぐな瞳で抱っこの要求。
断る隙がない…！

97 きおくじゅつ

ままデコポンこれでさいごかい？
むぐ
デコポンは最後だけどー
昨日買ったみかんみたいなのあるよー
名前なんだっけ…
。。。。。
はるみでしょ
本当だーしーちゃんよく覚えてたね
はるみ
しーちゃんさ…おもいだそうとするとここにしかくくうつるの
うっすらだけど
だいたい1ぷんくらいできえるの
へえー

ひとこと

「はるみ」の3文字すら覚えられない
私も、その能力欲しい〜！

98 はかせになる

しーちゃんさ…
はかせになろうとおもって…へへッ
なんかいっぱい
べんきょうすればなれるみたいでさ
いいと思うよー
こういうこどもがうまれてうれしいかい？
あー…でもしーちゃんなら
0てんとってろうかにたってなさいっていわれそう…はかせむりかも…
あきらめないで!!

ひとこと

博士になる宣言、すぐ撤回！
あきらめないで頑張ってよ〜！

99 じーじからうまれた

ままってだれからうまれたの〜?
誰でしょう? ヒントは稚内《わっかない》にいる人だよ
…え
わっかない?
もしかしてあーー…
まちがってるかも… まちがってたらごめんーー…
じーじかな?
じーじ

ひとこと

しーちゃん…じーじの性別、
わかってるよね…?

100 おこったさっくん

なんか怒ってるさっくん
ムムム
さっくんもうじーじのうちこないもん!!
ハハハ
じーじ
⇨毎日来ている
さっくん来ないとおばさんさみしいから
そんなこと言わないで
やだッ
じーじがやだからもうこないぜったいこないッ!!
あしたはくるけど!!
くるのー?

ひとこと

すごく怒っていたけど、翌日もちゃんと遊びに来たし、更には泊まっていきました（笑）。

101 さっくんとおでかけ

3人でお出かけ
ドキドキ
おばさん… さっくん…
うんちが したくなった…
もじッ
え!?
う… うんち?
トイレ どこだ!?
アセ
こっち だよ…
あった あった
さっくん おいでー
しーちゃんは でないー
さっくん うんちするとき
ズボンとか ぜんぶぬぐ
はっ 早く 脱いで〜
でそう〜…
ぬぐの-?

ひとこと

3人だけで出かけたのはたったの30分くらい。
トイレの時、さっくんが下を全部脱ぐ派だったなんて、この時はじめて知ったよ！

102 おばさんはどこだ

ひとこと

2歳頃のたどたどしいおしゃべりってたまらない♡ おばさんでもおばちゃんでも好きに呼んで♡

しーちゃんがうまれるまで
切迫早産で入院のおはなし その1
ちがでちゃったの？どこから？？
妊娠22週目の健診の時
へ？
ん？少し出血してるね
このまま安静にしてて…
うーん…
かなりおなか張ってるね
そうですか？
⇦自覚なし
入院してください
出血したし張りが強いからね…
ええッ!?
健診のあとそのまま入院しました
ひーん
そして最大の危機がおとずれます…
これがおなかの張りを抑えるお薬です
最初はー
ドキドキしたり手がふるえたりめまいがしたり…と副作用がでるかもしれないので安静にしててね
なんか怖い…
何かあったらナースコールしてね
ハーイ
ごっくり
パクッ
少し待ってみたけど…何も起こらない？
ちょっとトイレに行きたいような…
そーっと
近い近い
急に
くらくら
バクバクバク
副作用色々来たー
バクバク
プル
プル
そしてなぜか便意まで
むむむ
あれ…さっきまで尿意だったのにィ
どうしました？
大丈夫!?
天使!?
プル
プル
ハッ
ハッ
トイレトイレ
パクパク
がんばれー
セーフ!!
間に合ったア
看護師さんありがとうございます
入院直後にもらさずに済みました…
ホッ

しーちゃんがうまれるまで
おなかにはなしかけてたのー？
きがつかなかったぁ
切迫早産で入院のおはなし
その2
入院中、他の方は点滴をしていたので
こんにちはー
点滴イヤだな…
……と思っていたら
私は飲み薬のみでした
入院しなくていいのでは…
くすり
この時期の出血は心配なんだよー 薬飲んで安静にしてなさーい
ハイッ
ごめんなさーい
そんなわけで— 基本的にはベッドの上で過ごす安静生活が
スタート
暇だな〜
ゴロ
ゴロ
入院直後の反省をふまえ薬を飲むのはトイレを済ませてから…
そして
薬を飲んだら
ゴクリ
すぐ
横になる
キタキタ〜
バクバク
少しくらいの副作用なら平気
プルプル
辛い副作用にはすぐ慣れたけど、ひとつ辛いことが…
どよ〜ん
それは
ペタ〜
脂性⇦
先生の許可が下りないとシャワーに入れないということ
何日間か我慢したけど耐えられなくなり
先生!! 頭皮が限界ですッ
くさすぎますッ
じゃあ10分だけねサッとあがるんだよ
久しぶりのシャワー
最高
きもちいい〜
それから
おーいママだよー元気にしてるかーい？
1人になれる時間はなかなかないので
大きくなるんだよ〜
お腹に話しかけまくりました
楽しみだったのは毎晩赤ちゃんの心臓の音が聞けること
よく動くなー
ドコッドコッドコッ
寝る前にホッとひと安心
3週間で退院できました!!
薬飲んで無理はしないように
ハ〜イ
大変
お世話になりました

5章 ふたたびはる

〈2017年4月〜6月〉

やーっとおともだち
できたけど、
いやなことも
けっこうあるよ

あたらしいくつです
おねえさんがはくやつ

進級して、年中さんになったしーちゃん。仲がよかったお友達とクラスが離れてしまい、しょんぼり。でも、先生達のフォローのおかげで新しいクラスにもすぐになじめました。

あいかわらず、幼稚園での出来事をおしゃべりしてくれるしーちゃん。会話の中に新しいお友達の名前がでてくるたびに安心できたのを思い出します。

年中さんになってもまだまだ甘えん坊。幼稚園にお迎えに行った時は、普通にしているけど、先生が見えなくなるとすぐ「だっこ～♡」です。いつまで甘えてくれるのかな？

103 100かいだっこ

ままー
だっこーー
だっこでトイレつれてって
ドン
すっきりしたァ
だっこーー♥
あれ…きゅうにだっこしてほしくなった…
おかしいな…
きがえたので
だっこおねがいしまーす
あのさ…まいにち100かいはだっこしてよ
もう今日朝から100回くらい抱っこしたんじゃない？
は？
まだこれで5かいめだけども…

ひとこと

何気なく「だっこだっこ～」と言っているかと思いきや、ちゃんと数えていたとは！

104 わがままのりゆう

くどくど
しーちゃん今日ワガママすぎだよ!!
しゅん…
…なんでわがままかというときょうだっこがたりなかった…
ぐずッ
2かいしかだっこないし…
ままがしーちゃんをだっこしたいきもちがつたわらなかった!!
ごめん…
だっこがあれば
わがままいわない!!

ひとこと

お口が達者なしーちゃん。怒っていたはずの私がついつい謝っちゃうこともよくあります。

105 びじんのゆ

美人の湯
効能
ままー あれなんて かいてあるの？
美《び》人《じん》の湯 だって
お肌ツルツルの 美人になれるかも
へ〜え びじんに なれるなんて
まま
よかったじゃ なーい♥
ままにぴったり♥
い〜っぱい はいるんだゾ♥
んね？
つんつん
ハーイ
どぉママ 美人になっ…
なってないみたい
でも かわいいよー

ひとこと

容赦ないしーちゃんのツッコミ！ 美人の湯の効果があらわれるのはいつかな〜？

106 おなかがいたいわけ

ままおなかいたいのかい？
ちょっとね
なんでいたいの!?
なんでだろー
食べすぎ？
もしかしてとしよりだからかい？

ひとこと

またまた容赦ないツッコミ。
確かにもう少しで初老だよ！

107 ぴーなっつふうせん

きつーーい
ちょっとー
立っていられない…
プププ
ガク
ガク
楽しそうなこと
やってるねー
パパも
やってみたい!!
どこに
入れようかな…
ぱぱ
ふうせん…
くさく
ならない?
だいじょうぶ…?

ひとこと

やっぱりパパに厳しいしーちゃん。
これでも前よりは控えめに言うようになりました（苦笑）。

108 てをつなぐだけで

幼稚園バスを待っている時
寒いし抱っこしようか？
いい!!せんせいにみられたらあかちゃんっておもわれる…はずい…
そっかー
さみしーなー
てをつなぐだけでこころもあったまるからさ…
ねっ？
おうちではだっこおねがいしまーす
いってきまーす

ひとこと

手をつなぐと心もあたたまる。深い（？）言葉で私のさみしい気持ちをフォローしてくれました。

109 ぱぱのなまえ

お箸ケースをつくりました
これパパのなんだけどどうかなー?
いいじゃなーい
フタ開けてパパの名前ついてたらおどろくかな?
つけちゃおうか ププ…
なまえ ぱぱ
!!
ぱぱがもっとおどろくいいほうほうがあるよ
フタあけてちんちんってかいてたらパパ、おどろくぞー
なまえ ちんちん
ククク…

ひとこと

すごくいいアイデアをだした気でいるけど、残念ながら却下です!

110 ばすがくるまえに

バスを待つ時に甘えなくなったしーちゃん
せんせいにみられたらはずかしいから
だっこしなくていいよ
今日は——
まま!! すわって!!
チラッ
チュチュッチュッチュ
チラッ
バスくる!!
たって!! はやく!!

ひとこと

もう先生の前で抱っこやチューは封印。でも見えない所ではまだまだイチャイチャしてま〜す!

111 よろこぶかかり

しーちゃん いまからさ
ままから うまれる あかちゃんに なるからー
ままは しーちゃんうまれた!! ってよろこぶかかり!! いくよーー
おぎゃーー
喜ぶ…係？
やったー うまれた
。。。もっと よろこびなよ うまれたんだよ？

ひとこと

この遊び、最近では「あ、しーちゃんうまれたくなってきた…おぎゃー！」といきなりはじまるようになりました。

112 うぶげ

しーちゃんの足
つるすべでいいねーー
毛も
ないし…
つるすべーー？
サス=
サス
しーちゃんだって
けぇはえてるとこ
あるよ
ここ!!
よくみると けぇ
はえてんの♥
まえかがみみて
みつけたんだア
しってた？

まだ気にならないけど
目立ってきたら剃ってあげるね
めだってきたら…って
ぱぱみたくなるってこと!?
やだ〜〜 そしたら そのけ
めくってね!!
めくる?

ひとこと

鼻の下のうぶ毛の存在、気づいてたんだ！ かわいいうぶ毛、もう少しそのままにさせてね♡

113 おしゃれ

最近
ショートパンツ
か
キュロット
しか
はかない…
白か紺のハイソックス
今日さむいから長いズボンはい
やあだぁ
風邪ひくよ…どうしてイヤなの
〜〜〜から
何?
…これっおしゃれっていわれた…から…
誰に?
ないしょ!!

ひとこと

すっかり長いズボンをはかなくなってしまいました。脚をだすのが何よりオシャレと思い込んでるしーちゃんです。

114 みだしなみ

ひとこと

外出先、鏡にうつる自分を見ては身だしなみを整えます。確実に私より女子力が高い！

115 ちちのひ

今日タオル
つかったんだね
めずらしー
普段はまったくつかわないループタオル
うん!! きょうは
のりをいっぱい
つかったから
てがベタベタに
なったの
だからいっぱい
あらったわけ
そうなんだー
何かつくったの?
あのね
ちちの…
あ!!
しーッ
パパ仕事
行ってるよ
コソ
コソ
ちょっと!!
ちちのひの
プレゼントつくったの!!
ぱぱにないしょ!!
きこえちゃう!!

はる6月

ひとこと

秘密を守れるようになってきたのはいいことだけど、これは慎重すぎ!(笑)

116 おとこらしく

ちょっと来て…
しーちゃん
男らしく寝てるよ
男らしく…？
ワンパク？
スー
スー
漢《おとこ》

ひとこと

想像以上に男らしい…いや
漢らしい寝相でした！

117 でっかいわらじむし

きょうね
みんなでえんてい(園庭)であそんでるときに…
ぐずッ
どしたどした
何かあったの!?
ちょっと1かいだっこしてー
めっちゃでっかいわらじむしいたの!!
あれぜったいオス!!

ひとこと

思い出して泣いちゃうなんて、お友達と何かあった!? と心配したけど、原因は「わらじむし」。虫が苦手なしーちゃんは、特にこわかったみたいです。

118 もんだいです

もんだいです!! ジャジャン!!
きゅうしょくで たべた グレープフルーツの いろは、1『ピンクっぽい あかいいろ』
2、は…
グレープフルーツって ほかに なにいろ あるっけ…?
んー 白?かな
じゃあ 2は『しろ』
3は… えーっとォ ほかにいろあったっけ? うーーん うーー…ん じゃあ 3は『みどりいろ』 はい、どーれだ?
1の ピンクっぽい あかいいろ
まま てんさい かい…
ちぇー せいかーい

ひとこと

しーちゃんが出題する3択クイズの
答えは、ほぼ「1番」が正解です（笑）。

119 ふっきん

なにしてるのー？
これはね…
フン
フン
腹筋きたえてるの!!
うんどうかー
しーちゃんもやってみたい♥
ママが足おさえてあげるよ
フゥ〜
いいよ〜起きあがってごらん

ふんっ
フウー…
フウー…

なんでわらうのー
アハハハ
顔ー!!

ひとこと

普通に腹筋を頑張るより、しーちゃんに笑わせてもらう方が、腹筋が鍛えられそうな気がします。

120 ゆめでよかった

ひとこと

普段、しーちゃんの目に私の顔はどう映っているのか、気になる所…。

121 むじんとう

無人島にパパとしーちゃんが2人っきりだったら
いっぱい抱っこさせてくれる？
むじんとう？
人が誰も住んでいない
島のことだよ
え…だれもすんでない…ってままは？
えっとー ママもいない…かな
・・・
そんなのやだ!! ままがすんでないなんてやだ
ままもすんでー
なんなの…
ヤレヤレ
でも…ぱぱもいないとさみしいから…3にんで…すもうよ
いいの!?
住む!!
キュ～ん

ひとこと

どうでもいいパパの質問で面倒くさいことになるかと思ったけど、最終的にみんな幸せ？ 一件落着～！

しーちゃんがうまれるまで
いよいよ出産!!のおはなし
バブゥ
またあかちゃんになりたーい
キリがよかった3月末で仕事を退職しました
フーーッ
カチカチ
それからは張り止めの薬を飲み休み休み過ごしつつ…
ベビーグッズを揃えたり
手芸にはまったり
妊娠中にやっておきたいことは一通り済ませました
私の場合、帝王切開と決まっていてー
たいしたことないけどちょっとした持病があるので…
通っていた産科(個人病院)は
木曜日
が手術日
来週あたり産むかい?
来週?心の準備が…
じゃあその翌週の…7月5日ね
わかりましたっ
ドキドキ
こんな感じで手術日が決定!!
誕生日決まった
そして前日に入院
またお世話になります
いよいよですね
手術に備えて…
絶飲・絶食
み…水…
ひゃっ…
あとは
きつきつ
加圧ソックスはいたり…
毛を剃ったり…
手術の時間は14時以降と言われていたけどなかなか呼ばれず…
そわそわ…
そわそわ…
まだかな
水…
そろそろでーす
いよいよ!!
元気に産まれてくるんだよ♡
すごい胎動…
ドコドコドコ
まず背中に麻酔をして
イテテ…
おなかくるしい
コツコツ
ここ感覚ありますか?
麻酔科医
ココココされてる感じします
ハァ
15時ちょうど、手術開始
でははじめます
5分くらいで産まれるよー
5分!?
ドキドキ
なんか切られてる!!感じがする
グイグイ
すごい押されてる!!感じがする。。。
ハァ
ハァ

げほげほげほッ
オエ〜〜ッ
うえーーん
しーちゃん誕生
15時6分 女の子でーす
ぎゃーーん ふぎゃーーん
しわっしわ
ぎゅっ…
ふえっ ふえっ
先生!!どうしよう すっごくかわいいですッ!
うっっ うっっ うわーーん
急に湧きあがる母性?
よかったじゃない
ハハハ
その後は全身麻酔で眠らされ…
めんこかった…
スー スー
約1時間後に目が覚めました
終わりましたよー
ハピー
赤ちゃんずっと泣いてるんだよ でもまだミルクあげられないんだって!!
看護師さんも元気だねーって言ってたよ!!
ほぉ
連れてきましたー イヤ〜ずうっと泣いてるわー
ギャーーン
ママだよー よしよし…頑張ったね
んえーーん んえーー
…ん
むにゃ
ペチャ ペチャ
すやぁ
寝たーー
きゅーーん
2012年7月5日 親バカもここに誕生(笑)
かわいいッ
スピー
そしてあっという間に
5さいです…はずい…
最近はケンカも多いけど…
オロ オロ
ままのいじわるッ
フンッ
これからも仲よく過ごせますように…
ホッ
さっきごめんね
ママも悪かったよ…
おしまい

おわりに

ようちえんいくまえにだっこー
はいよ
だめだ!! ままのにおいかぐとねむくなる!!
グイッ

1日の出来事を振り返りながら描く育児絵日記は、すっかり毎日の習慣になりました。あまり深く考えず、日常の出来事をそのままインスタグラムに投稿しているのですが、ありがたいことに多くの感想をいただきます。

「あるある！」との共感コメントには、「うちだけじゃないんだ」と安心し、しーちゃんのおとぼけ行動への「ズコー」という突っ込みコメントには、ついつい笑ってしまっています。

よく「笑えて、元気がでました！」とコメントいただくのですが、私の方こそ、いつもあたたかいコメントに元気をもらっているんです。

もしかしたら、絵日記を読んで私のことを「すてきなお母さん」と思ってくださる方がいらっしゃるかもしれませんが、それはまったくの誤解です（笑）。しーちゃんからは「ままってまいにちおこってばっかり！」と言われるし、夫は何も言わないけど、きっといろんな不満がたまっていることでしょう（ごめん！）。

絵日記を描くことは、自分自身を見直す、いいきっかけになっているような気がします。できるだけ多くの楽しい日常を描き残せるよう、怒るのもほどほどにして、おだやかに毎日を過ごしていけたらいいなと思っています。

たくさんの方々に応援していただき、支えられ、私達家族は本当に幸せ者です！

それではまたインスタグラムでお会いしましょう！

２０１７年　こつばん

まま…100さいより もっともっと
ながくいきて!!
なんさいまで いきてくれる？
えーっと…じゃあ 500歳…
500さい!?
パァァァ

STAFF

デザイン　五十嵐ユミ
校 正　東京出版サービスセンター
編 集　森 摩耶（ワニブックス）

しーちゃん
～ようちえんも、いろいろあるわけ～

著者　こつばん

2017年12月14日　初版発行

発行者　横内正昭
編集人　青柳有紀
発行所　株式会社ワニブックス
〒150-8482
東京都渋谷区恵比寿4-4-9　えびす大黑ビル
電 話　03-5449-2711（代表）
03-5449-2716（編集部）
ワニブックスHP　http://www.wani.co.jp/
WANI BOOKOUT　http://www.wanibookout.com/
印刷所　凸版印刷株式会社
製本所　ナショナル製本

　ISBN 978-4-8470-9634-1